Impressum
Verlag: BABADADA GmbH, Nedderfeld 112 , 22529 Hamburg
Geschäftsführer / Verlagsleitung: Harald Hof
Druck: Books on Demand GmbH, In de Tarpen 42, 22848 Norderstedt

Imprint
Publisher: BABADADA GmbH, Nedderfeld 112 , 22529 Hamburg, Germany
Managing Director / Publishing direction: Harald Hof
Print: Books on Demand GmbH, In de Tarpen 42, 22848 Norderstedt

# okul

## escola

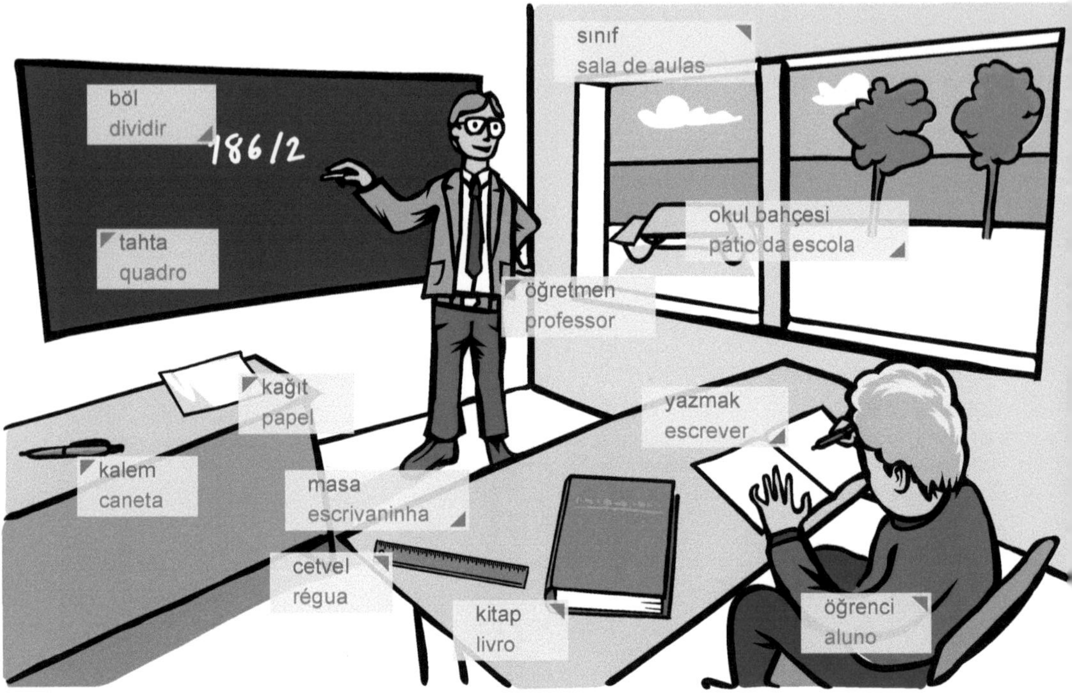

sınıf
sala de aulas
böl
dividir
186/2
tahta
quadro
okul bahçesi
pátio da escola
öğretmen
professor
kağıt
papel
yazmak
escrever
kalem
caneta
masa
escrivaninha
cetvel
régua
kitap
livro
öğrenci
aluno


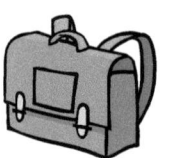

okul çantası

sacola

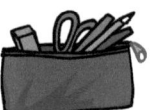

kalemlik

estojo de lápis

kurşun kalem

lápis

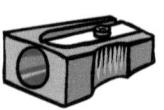

kalem açacağı

apontador de lápis

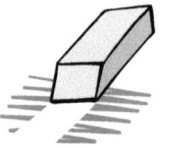

silgi

borracha

çizim defteri

bloco de desenho

çizim

desenho

resim fırçası

pincel

boya kutusu

estojo de tintas

makas

tesoura

tutkal

cola

alıştırma kitabı

livro de exercícios

ödev

lição de casa

**12**

sayı

número

**2+2**

ekle

somar

**5-2**

çıkar

subtrair

**2×2**

çarp

multiplicar

hesapla

calcular

**A**

harf

letra

ABCDEFG
HIJKLMN
OPQRSTU
VWXYZ

alfabe

alfabeto

**hello**

kelime

palavra

metin

texto

okumak

ler

tebeşir

giz

ders

hora

kayıt

registro da classe

sınav

exame

sertifika

certificado

okul forması

uniforme escolar

eğitim

educação

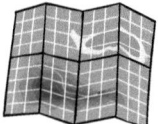

ansiklopedi

enciclopédia

üniversite

universidade

mikroskop

microscópio

harita

mapa

kağıt çöp kutusu

cesto de lixo

otel
hotel

Grand

pansiyon
albergue

ROOMS

döviz bürosu
casa de câmbio

ECHANGE

bavul
mala

otomobil
carro

dil
.................
idioma

evet / hayır
.................
sim / não

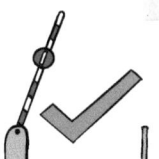

Tamam
.................
ok

merhaba
.................
Olá

çevirmen
.................
tradutor

Teşekkür ederim
.................
obrigado

bu ... ne kadar?

quanto custa...?

anlamadım

eu não entendo

problem

problema

İyi akşamlar!

boa noite!

Günaydın!

Bom dia!

İyi geceler!

Boa noite!

güle güle

até logo

yön

direção

bagaj

bagagem

çanta

bolsa

sırt çantası

mochila

misafir

convidado

oda

quarto

uyku tulumu

saco de dormir

çadır

barraca

turist danışma

informação turística

sahil

praia

kredi kartı

cartão de crédito

kahvaltı

café da manhã

öğle yemeği

almoço

akşam yemeği

jantar

Bilet

bilhete

asansör

elevador

pul

selo

sınır

fronteira

gümrük

alfândega

elçilik

embaixada

vize

visto

pasaport

passaporte

# ulaşım
# transporte

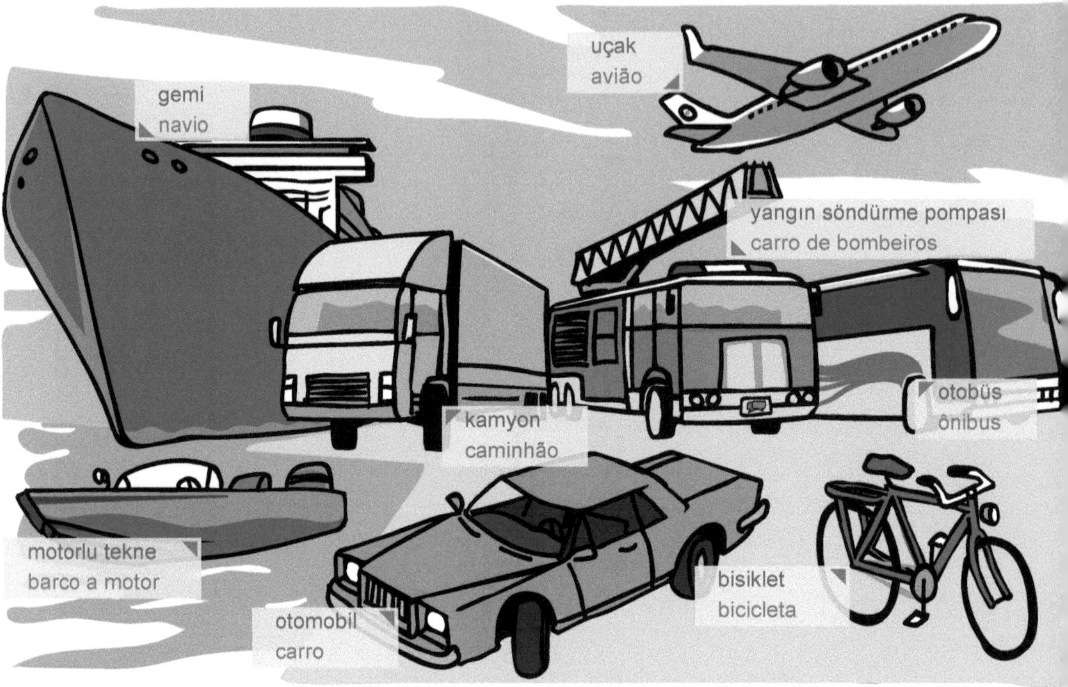
uçak
avião
gemi
navio
yangın söndürme pompası
carro de bombeiros
otobüs
ônibus
kamyon
caminhão
motorlu tekne
barco a motor
bisiklet
bicicleta
otomobil
carro

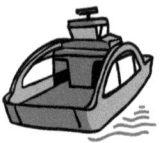

feribot

balsa

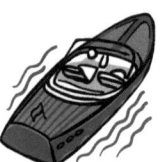

bot

barco

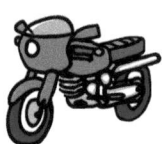

motosiklet

motocicleta

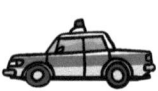

polis arabası

veículo policial

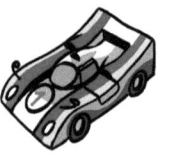

yarış arabası

carro de corrida

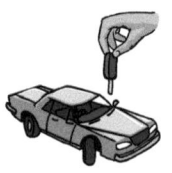

kiralık araba

carro de aluguel

ortak araba

compartilhamento de automóvel

çekici

caminhão de reboque

çöp kamyonu

caminhão de lixo

motor

motor

yakıt

combustível

benzinlik

posto de gasolina

trafik işareti

placa de trânsito

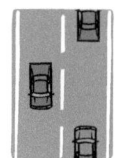

trafik

trânsito

trafik sıkışıklığı

trânsito lento

otopark

estacionamento

tren istasyonu

estação de trem

ray

trilhos

tren

trem

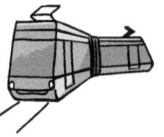

tramvay

bonde

vagon

vagão

helikopter
helicóptero

havaalanı
aeroporto

kule
torre

yolcu
passageiro

konteyner
contêiner

koli
cartolina

yük arabası
carroça

sepet
cesto

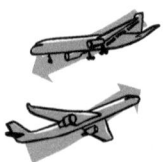

kalkış / iniş
decolar / pousar

## şehir
## cidade

köy
vilarejo

şehir merkezi
centro da cidade

ev
casa

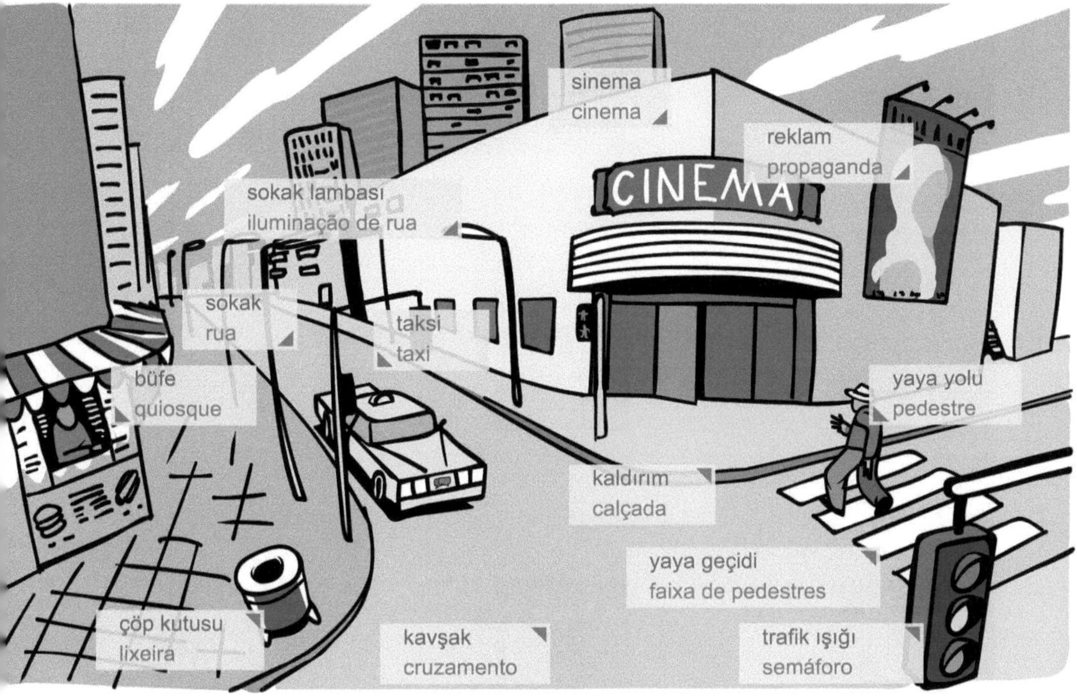

sinema / cinema

reklam / propaganda

sokak lambası / iluminação de rua

CINEMA

sokak / rua

taksi / taxi

büfe / quiosque

yaya yolu / pedestre

kaldırım / calçada

yaya geçidi / faixa de pedestres

çöp kutusu / lixeira

kavşak / cruzamento

trafik ışığı / semáforo

kulübe
cabana

apartman dairesi
apartamento

tren istasyonu
estação de trem

belediye binası
prefeitura

müze
museu

okul
escola

şehir - cidade

üniversite

universidade

banka

banco

hastane

hospital

otel

hotel

eczane

farmácia

ofis

escritório

kitapçı

livraria

mağaza

loja

çiçekçi

floricultura

süpermarket

supermercado

market

mercado

büyük mağaza

loja de departamentos

balık satıcısı

peixaria

alışveriş merkezi

centro comercial

liman

porto

park

parque

bank

banco

köprü

ponte

merdiven

escadas

metro

metrô

tünel

túnel

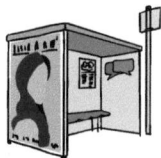

otobüs durağı

ponto de ônibus

bar

bar

restoran

restaurante

posta kutusu

caixa de correspondência

sokak tabelası

placa de rua

otopark sayacı

parquímetro

hayvanat bahçesi

zoológico

yüzme havuzu

piscina

cami

mesquita

çiftlik
fazenda

kirlilik
poluição

mezarlık
cemitério

kilise
igreja

oyun alanı
parquinho

tapınak
templo

# arazi
# paisagem

yaprak
folha

yön tabelası
placa de sinalização

yol
caminho

çayır
gramado

taş
pedra

yürüyüşçü
caminhantes

ağaç
árvore

ırmak
rio

çimen
grama

çiçek
flor

vadi

vale

tepe

montanha

göl

lago

orman

floresta

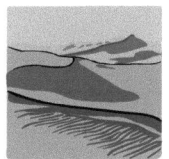

çöl

deserto

volkan

vulcão

kale

castelo

gökkuşağı

arco-íris

mantar

cogumelo

palmiye

palmeira

sivrisinek

mosquito

sinek

mosca

karınca

formiga

arı

abelha

örümcek

aranha

böcek

besouro

kurbağa

sapo

sincap

esquilo

kirpi

ouriço

yabani tavşan

lebre

baykuş

coruja

kuş

pássaro

kuğu

cisne

yaban domuzu

javali

geyik

veado

geyik

alce

baraj

barragem

rüzgar türbini

aerogerador

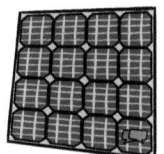

güneş paneli

painel solar

iklim

clima

# restoran
# restaurante

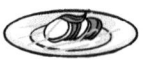

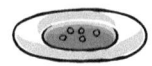

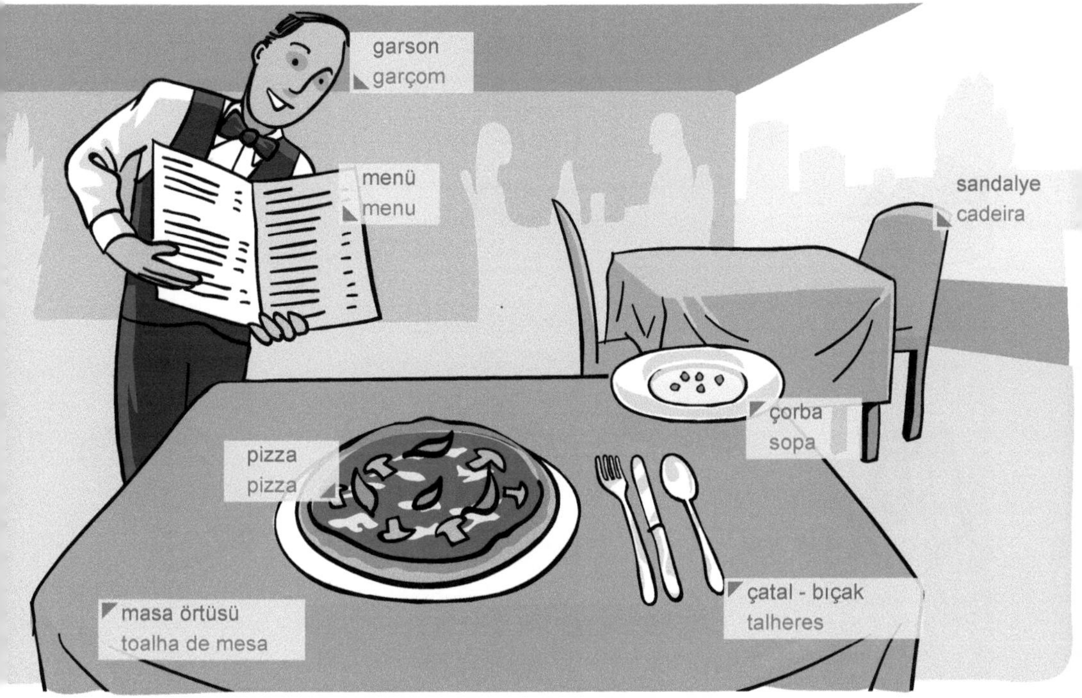
garson
garçom
menü
menu
sandalye
cadeira
çorba
sopa
pizza
pizza
çatal - bıçak
talheres
masa örtüsü
toalha de mesa

başlangıç
entrada

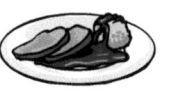

ana yemek
prato principal

tatlı
sobremesa

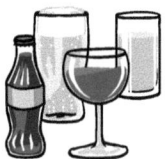

içecekler
bebidas

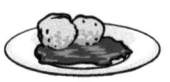

yemek
comida

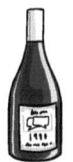

şişe
garrafa

fastfood
fastfood

sokak yemeği
comida de rua

çaydanlık
bule de chá

şekerlik
açucareiro

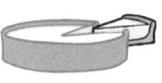

porsiyon
porção

espresso makinesi
máquina de expresso

mama sandalyesi
cadeirão

fatura
conta

tepsi
bandeja

bıçak
faca

çatal
garfo

kaşık
colher

çay kaşığı
colher de chá

servis peçetesi
guardanapo

bardak
copo

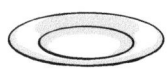

tabak

prato

çorba kasesi

prato de sopa

fincan altlığı

pires

sos

molho

tuzluk

saleiro

karabiber değirmeni

moedor de pimenta

sirke

vinagre

yağ

óleo

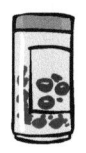

baharat

especiarias

ketçap

ketchup

hardal

mostarda

mayonez

maionese

# süpermarket

## supermercado

özel teklif
oferta especial
FOR
müşteri
cliente
süt ürünleri
laticínios
meyve
frutas
alışveriş arabası
carrinho de compras


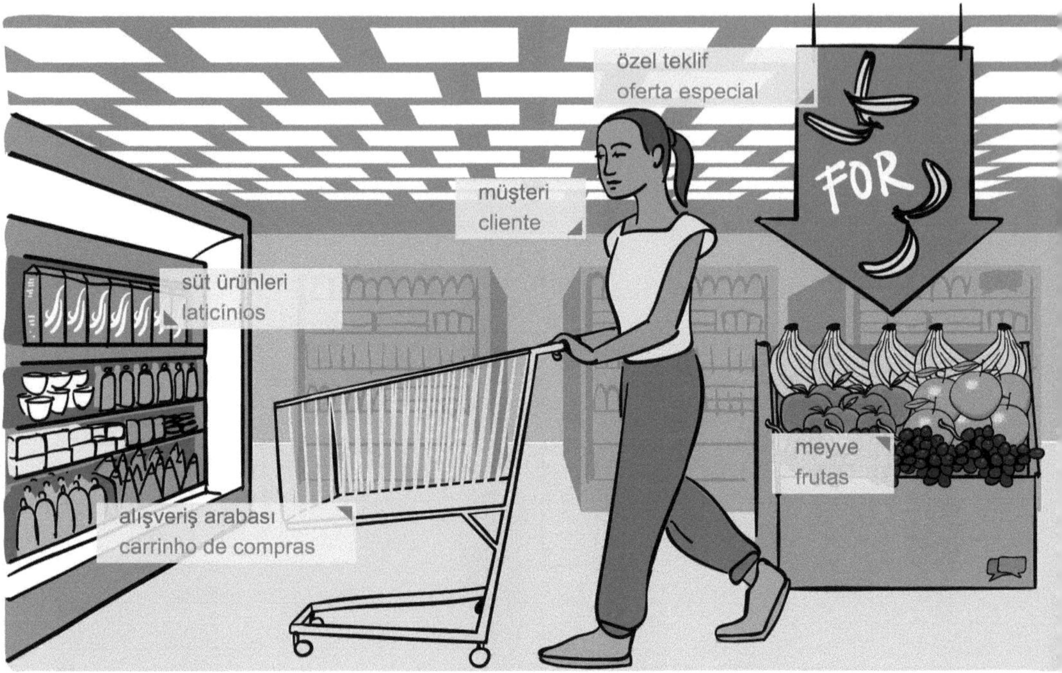

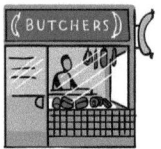

BUTCHERS


kasap

açougue

BAKERY


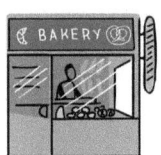

fırın

padaria

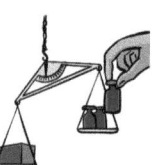

tartmak

pesar

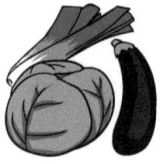

sebze

legumes

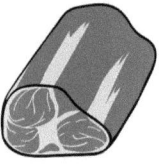

et

carne

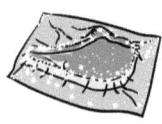

donmuş gıda

congelados

söğüş et

charcutaria

konserve yiyecek

conservas

toz deterjan

detergente em pó

şekerlemeler

doces

ev temizlik ürünleri

artigos domésticos

temizlik ürünleri

produtos de limpeza

satış görevlisi

vendedora

yazar kasa

caixa

kasiyer

caixa

alışveriş listesi

lista de compras

açılış saatleri

horário de funcionamento

cüzdan

carteira

kredi kartı

cartão de crédito

çanta

sacola

plastik poşet

saco plástico

su

água

meyve suyu

suco

süt

leite

kola

coca-cola

şarap

vinho

bira

cerveja

alkol

álcool

kakao

cacau

çay

chá

kahve

café

espresso

expresso

kapuçino

cappuccino

muz

banana

elma

maçã

portakal

laranja

kavun

melão

limon

limão

havuç

cenoura

sarımsak

alho

bambu

bambu

soğan

cebola

mantar

cogumelo

çerez

nozes

makarna

macarrão

spagetti

espaguete

pirinç

arroz

salata

salada

cips

batatas fritas

patates kızartması

batatas frias

pizza

pizza

hamburger

hambúrger

sandviç

sanduíche

şinitzel

escalope

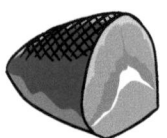

pastırma

presunto

salam

salame

sosis

salsicha

tavuk

galinha

rosto

assado

balık

peixe

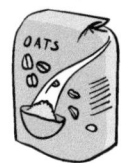

yulaf ezmesi

flocos de aveia

müsli

granola

mısır gevreği

flocos de milho

un

farinha

kruvasan

croissant

küçük ekmek

pãozinho

ekmek

pão

tost

torrada

bisküvi

biscoitos

tereyağı

manteiga

kaymak

requeijão

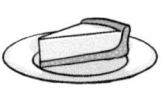

kek

bolo

yumurta

ovo

sahanda yumurta

ovo frito

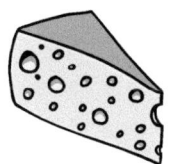

peynir

queijo

dondurma
sorvete

şeker
açúcar

bal
mel

reçel
geleia

fındık ezmesi
creme de avelãs

köri
curry

yemek - comida

# çiftlik
# fazenda

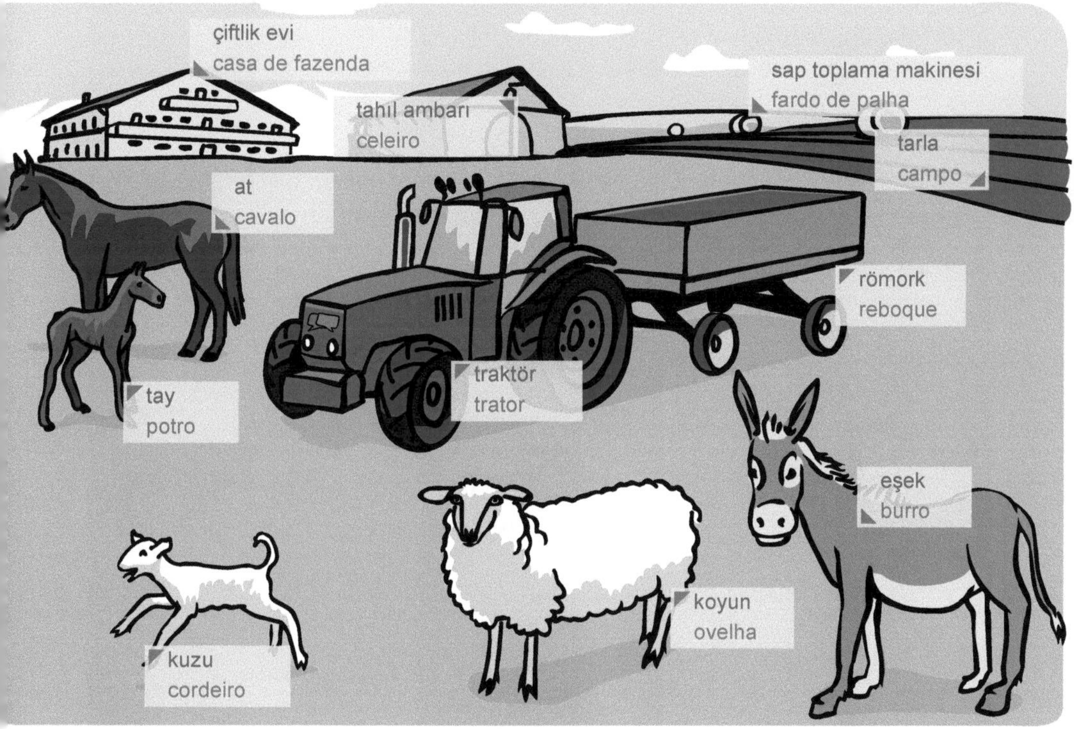

çiftlik evi
casa de fazenda
tahıl ambarı
celeiro
sap toplama makinesi
fardo de palha
tarla
campo
at
cavalo
römork
reboque
traktör
trator
tay
potro
eşek
burro
koyun
ovelha
kuzu
cordeiro


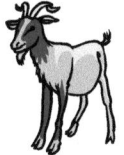

keçi

cabra

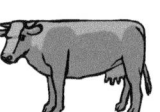

inek

vaca

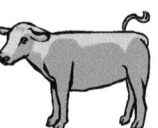

buzağı

bezerro

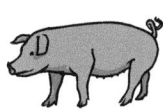

domuz

porco

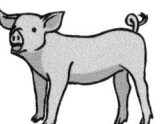

domuz yavrusu

leitão

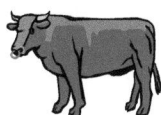

boğa

touro

kaz

ganso

ördek

pato

civciv

pintinho

tavuk

galinha

horoz

galo

sıçan

ratazana

kedi

gato

fare

camundongo

öküz

boi

köpek

cachorro

köpek kulübesi

casinha do cachorro

bahçe hortumu

mangueira de jardim

sulama kabı

regador

tırpan

foice

pulluk

arado

çiftlik - fazenda

orak

foice

çapa

enxada

dirgen

forquilha

balta

machado

el arabası

carrinho de mão

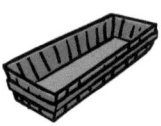

yemlik

manjedoura

süt kovası

jarra de leite

çuval

saco

çit

cerca

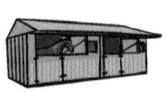

ahır

estábulo

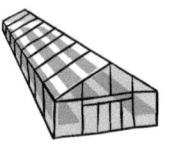

sera

estufa

toprak

solo

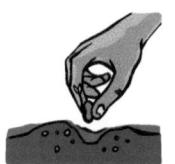

tohum

semente

gübre

fertilizante

biçerdöver

colheitadeira

hasat etmek

colher

harman

colheita

tatlı patates

inhame

buğday

trigo

soya

soja

patates

batata

mısır

milho

kolza

colza

meyve ağacı

árvore frutífera

manyok

mandioca

hububat

cereais

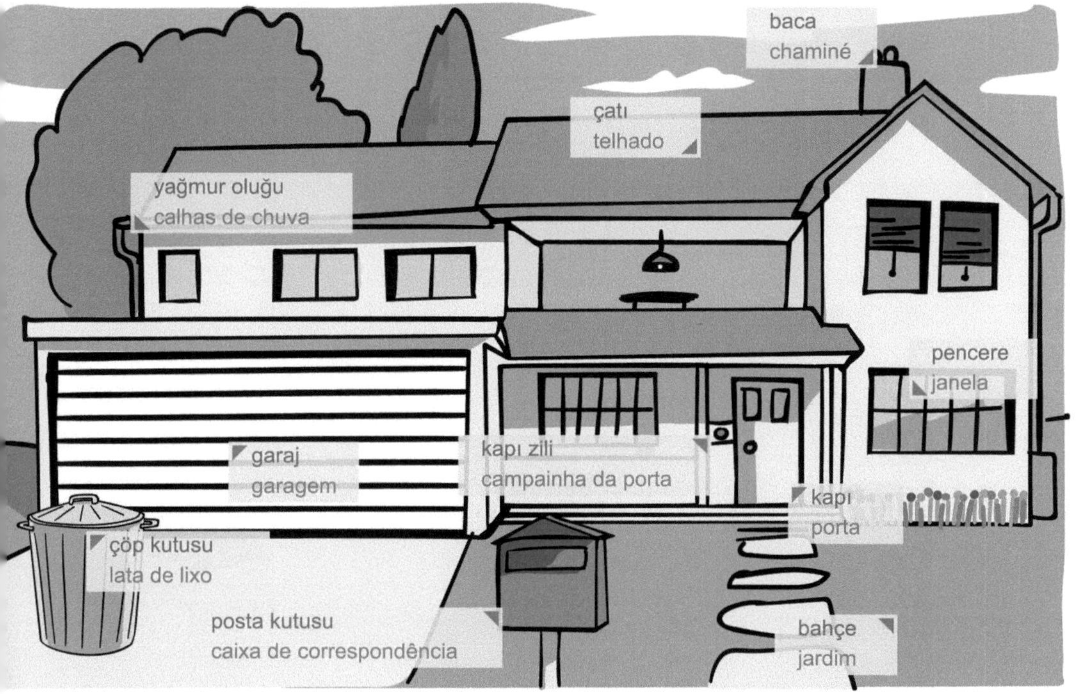

baca
chaminé

çatı
telhado

yağmur oluğu
calhas de chuva

pencere
janela

garaj
garagem

kapı zili
campainha da porta

kapı
porta

çöp kutusu
lata de lixo

posta kutusu
caixa de correspondência

bahçe
jardim

oturma odası
sala de estar

banyo
banheiro

mutfak
cozinha

yatak odası
quarto de dormir

çocuk odası
quarto de criança

yemek odası
sala de jantar

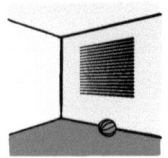

zemin

chão

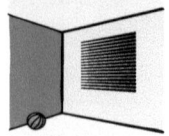

duvar

parede

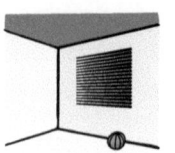

tavan

teto

kiler

porão

sauna

sauna

balkon

varanda

teras

terraço

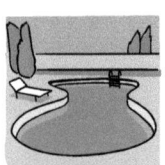

havuz

piscina

çim biçme makinesi

cortador de grama

çarşaf

lençol

yatak örtüsü

coberta

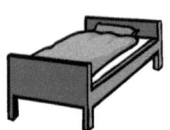

yatak

cama

süpürge

vassoura

kova

balde

anahtar

interruptor

# oturma odası
## sala de estar

duvar kağıdı
papel de parede
resim
quadro
lamba
lâmpada
raf
prateleira
dolap
armário
televizyon
televisão
şömine
lareira
çiçek
flor
minder
travesseiro
kanepe
sofá
vazo
vaso
uzaktan kumanda
controle remoto

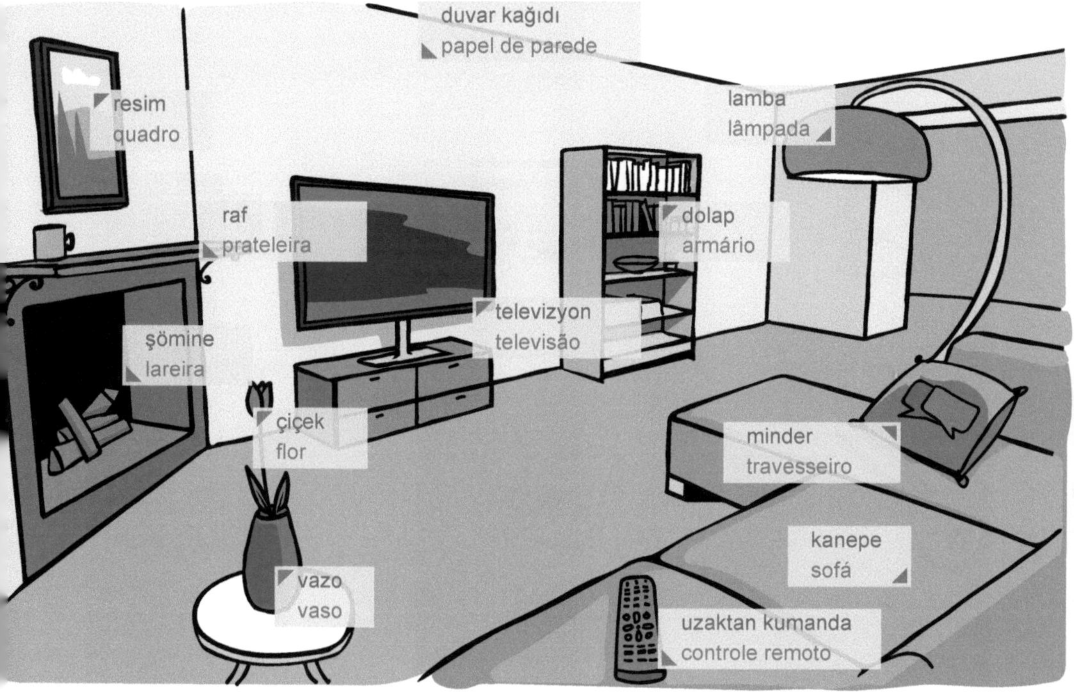

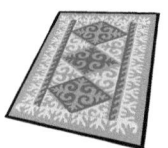

halı
tapete

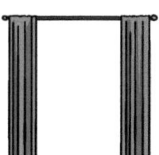

perde
cortina

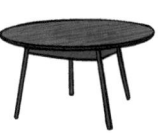

masa
mesa

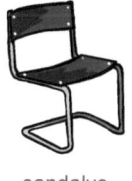

sandalye
cadeira

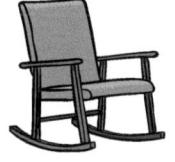

salıncaklı koltuk
cadeira de balanço

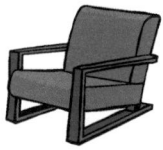

koltuk
poltrona

kitap

livro

battaniye

cobertor

dekor

decoração

odun

lenha

film

filme

hi-fi

equipamento de som

anahtar

chave

gazete

jornal

tablo

pintura

poster

pôster

radyo

rádio

defter

bloco de notas

elektrikli süpürge

aspirador

kaktüs

cacto

mum

vela

# mutfak
# cozinha

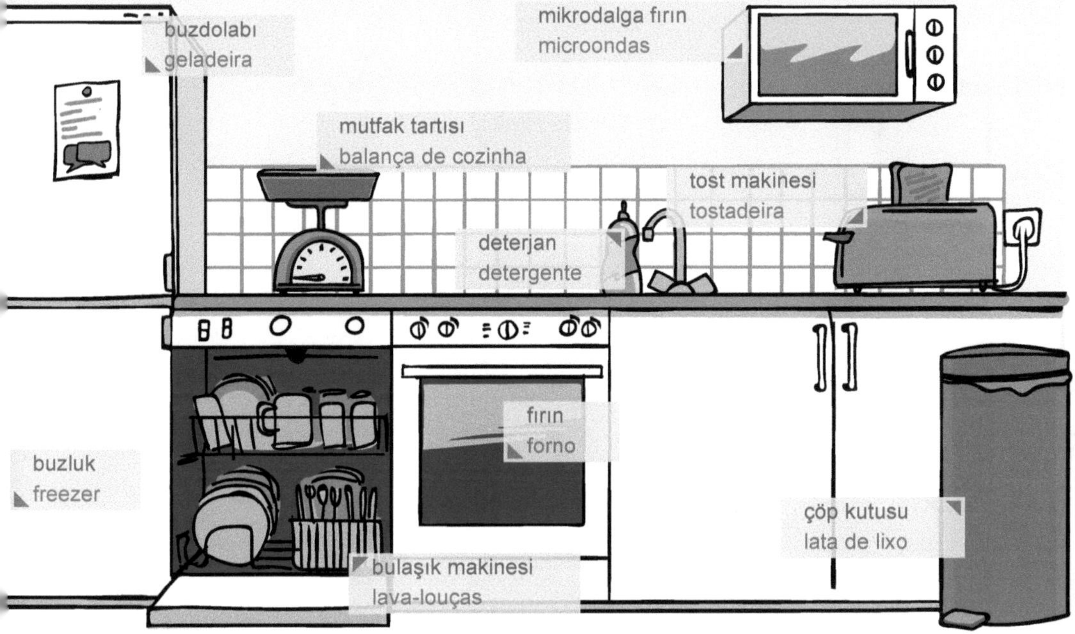
buzdolabı
geladeira
mikrodalga fırın
microondas
mutfak tartısı
balança de cozinha
tost makinesi
tostadeira
deterjan
detergente
fırın
forno
buzluk
freezer
çöp kutusu
lata de lixo
bulaşık makinesi
lava-louças

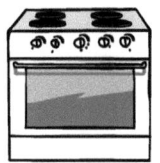

ocak
fogão

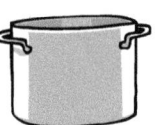

tencere
panela

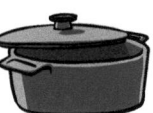

döküm tencere
panela de ferro

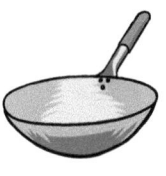

wok
wok / kadai

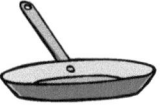

tava
frigideira

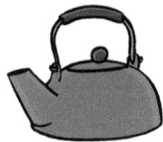

su ısıtıcı
chaleira

buharlı pişirici

panela a vapor

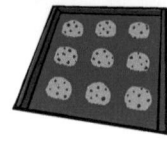

pişirme tepsisi

tabuleiro de forno

tabak takımı

louça

kupa

caneca

kase

caçarola

çubuk (çin yemeği)

hashi

kepçe

concha de sopa

spatula

espátula

çırpma teli

batedor

süzgeç

escorredor

elek

peneira

rende

ralador

havan

almofariz

barbekü

churrasqueira

açık ateş

lareira

kesme tahtası

tábua de cortar

merdane

rolo da massa

tirbüşon

saca-rolhas

konserve kutusu

lata

konserve açacağı

abridor de latas

fırın eldiveni

pegador de panela

evye

pia

fırça

escova

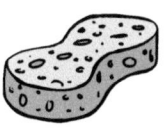

sünger

esponja

blender

liquidificador

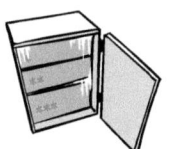

derin dondurucu

congelador

biberon

mamadeira

musluk

torneira

# banyo
# banheiro

ısıtma
aquecimento
havlu
toalha
duş
ducha
duş perdesi
cortina de chuveiro
köpük banyosu
banho de espuma
küvet
banheira
bardak
copo
çamaşır makinesi
lava-roupa
musluk
torneira
fayans
azulejos
lazımlık
penico
evye
pia

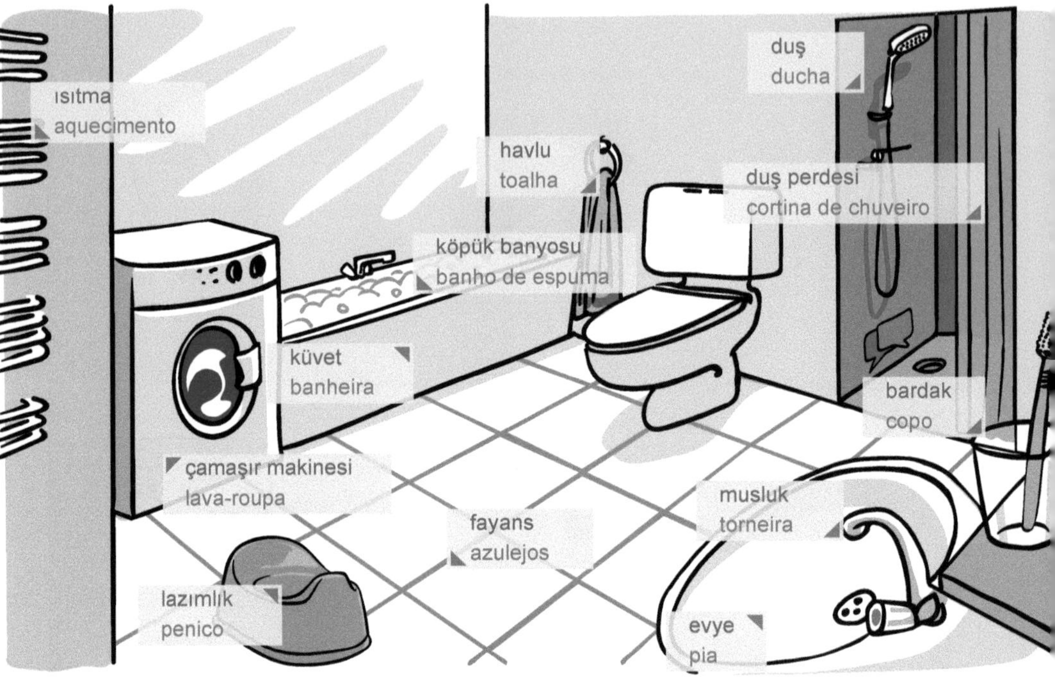

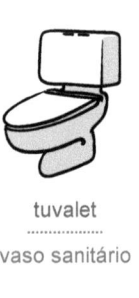

tuvalet

vaso sanitário

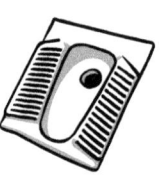

alaturka tuvalet

lavabo de agachar

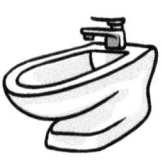

bide

bidê

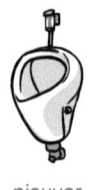

pisuvar

mictório

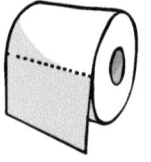

tuvalet kağıdı

papel higiênico

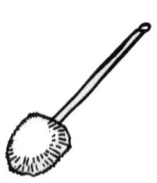

tuvalet fırçası

escova de privada

**diş fırçası**

escova de dentes

**diş macunu**

pasta de dentes

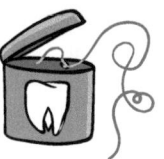

**diş ipi**

fio dental

**yıkamak**

lavar

**duş başlığı**

ducha de mão

**duş başlığı şeklinde taharet musluğu**

ducha íntima

**küvet**

bacia

**banyo fırçası**

escova para as costas

**sabun**

sabonete

**duş jeli**

gel de banho

**şampuan**

xampu

**banyo lifi**

toalha de rosto

**gider**

escoamento

**krem**

creme

**deodorant**

desodorante

**ayna**
espelho

**el aynası**
espelho de mão

**jilet**
barbeador

**tıraş köpüğü**
espuma de barbear

**tıraş losyonu**
loção pós-barba

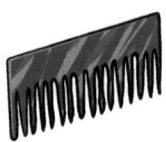

**tarak**
pente

**fırça**
escova

**saç kurutma makinesi**
secador de cabelo

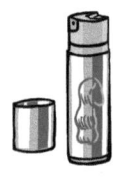

**saç spreyi**
spray de cabelo

**makyaj**
maquiagem

**ruj**
batom

**tırnak cilası**
esmalte de unhas

**pamuk**
algodão

**tırnak makası**
tesoura para unhas

**parfüm**
perfume

**makyaj çantası**

nécessaire

**tabure**

banquinho

**tartı**

balança

**bornoz**

roupão de banho

**lastik eldiven**

luvas de borracha

**tampon**

absorvente interno

**kadın pedi**

absorvente íntimo

**kimyevi tuvalet**

banheiro químico

# çocuk odası

# quarto de criança

çalar saat
despertador
peluş oyuncak
boneco de pelúcia
oyuncak araba
carrinho de brinquedo
çıngırak
chacoalho
bebek evi
casa de bonecas
hediye
presente


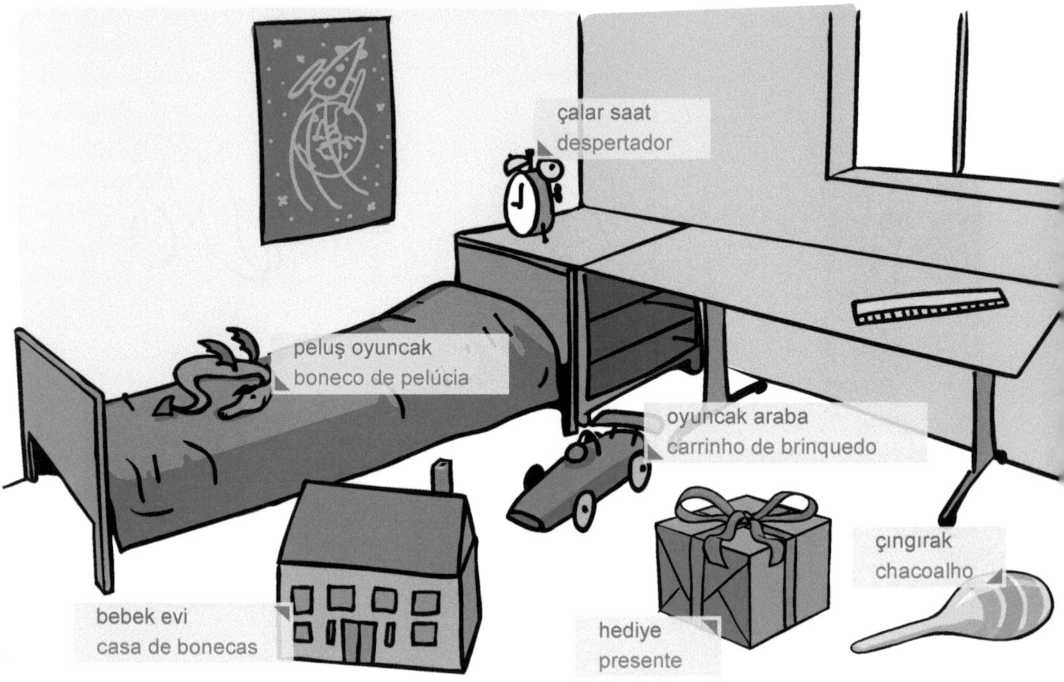

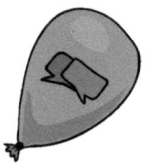

balon

balão

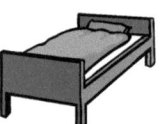

yatak

cama

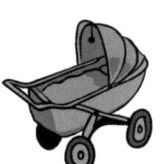

bebek arabası

carrinho de bebê

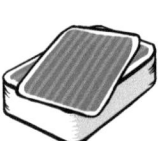

kart destesi

jogo de cartas

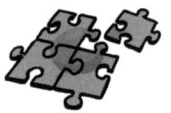

yapboz

quebra-cabeças

çizgi roman

revista de quadrinhos

lego tuğlaları

peças de Lego

lego blokları

blocos de construção

aksiyon figürü

figura de ação

zıbın

macaquinho de bebê

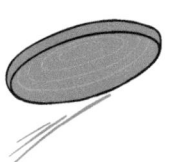

frizbi

frisbee

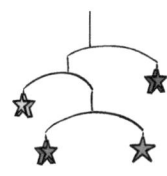

dönence

móbile para bebê

masa oyunu

jogo de tabuleiro

zar

dados

model tren seti

trenzinho elétrico

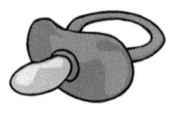

emzik

chupeta

parti

festa

resimli kitap

livro ilustrado

top

bola

oyuncak bebek

boneca

oynamak

brincar

kum havuzu

caixa de areia

salıncak

balanço

oyuncaklar

brinquedos

video oyun konsolu

videogame

üç tekerlekli bisiklet

triciclo

oyuncak ayı

ursinho de pelúcia

gardırop

guarda-roupa

## kıyafet
## vestuário

çorap

meias

külotlu çorap

meias pelo joelho

tayt

meias-calças

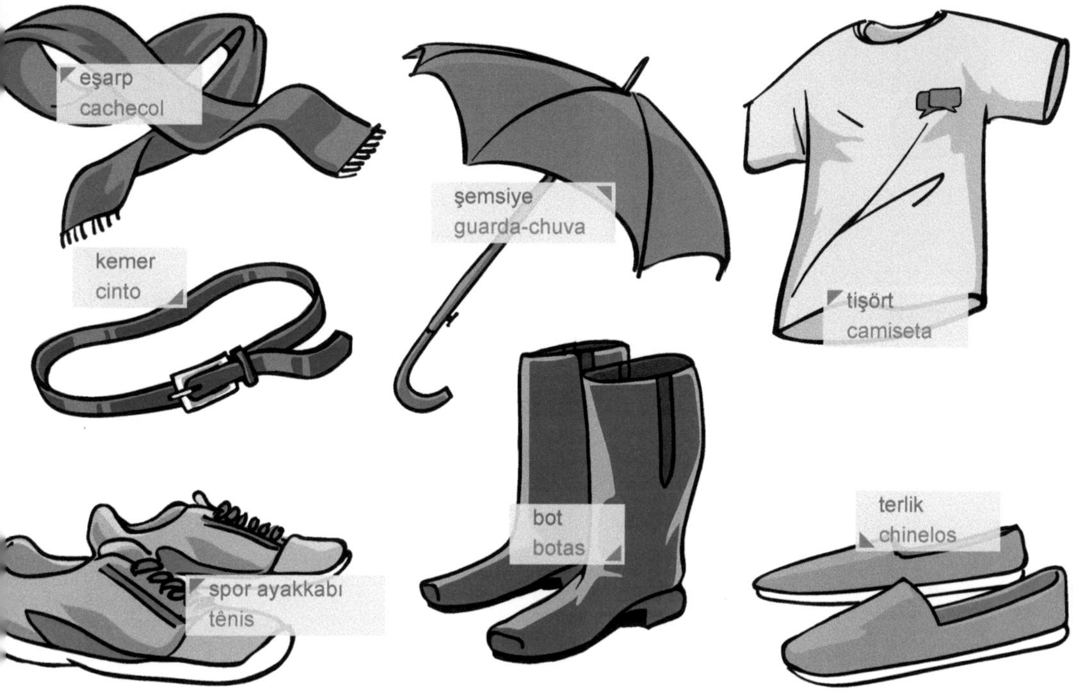

eşarp
cachecol

kemer
cinto

şemsiye
guarda-chuva

tişört
camiseta

bot
botas

terlik
chinelos

spor ayakkabı
tênis

sandalet
································
sandálias

ayakkabı
································
sapatos

lastik çizme
································
botas de borracha

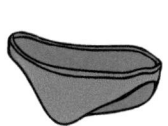

külot
································
roupa de baixo

sütyen
································
sutiã

yelek
································
camiseta de baixo

dar bluz
body

pantolon
calças

kot pantolon
jeans

etek
saia

bluz
blusa

gömlek
camisa

kazak
pulôver

süveter
suéter com capuz

blazer
blazer

ceket
jaqueta

mont
casaco

yağmurluk
gabardine

kostüm
traje

elbise
vestido

gelinlik
vestido de casamento

takım elbise

terno

gecelik

camisola

pijama

pijama

sari

sari

baş örtüsü

lenço de cabeça

türban

turbante

burka

burca

kaftan

cafetã

çarşaf

abaya

mayo

maiô

erkek mayosu

sunga

şort

shorts

eşofman

roupa de treino

önlük

avental

eldiven

luvas

düğme

botão

gözlük

óculos

bilezik

pulseira

kolye

colar

yüzük

anel

küpe

brinco

kep

boné

portmanto

cabide

şapka

chapéu

kravat

gravata

fermuar

zíper

kask

capacete

pantolon askısı

suspensórios

okul forması

uniforme escolar

üniforma

uniforme

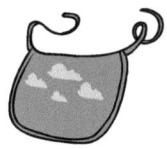

mama önlüğü

babador

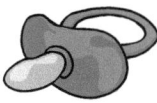

emzik

chupeta

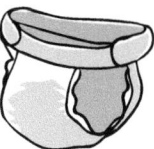

bebek bezi

fralda

# ofis

# escritório

sunucu
servidor
dosya dolabı
armário de arquivos
yazıcı
impressora
kağıt
papel
monitör
monitor
masa
escrivaninha
fare
mouse
klasör
pasta
klavye
teclado
kağıt çöp kutusu
cesto de lixo
bilgisayar
computador
sandalye
cadeira


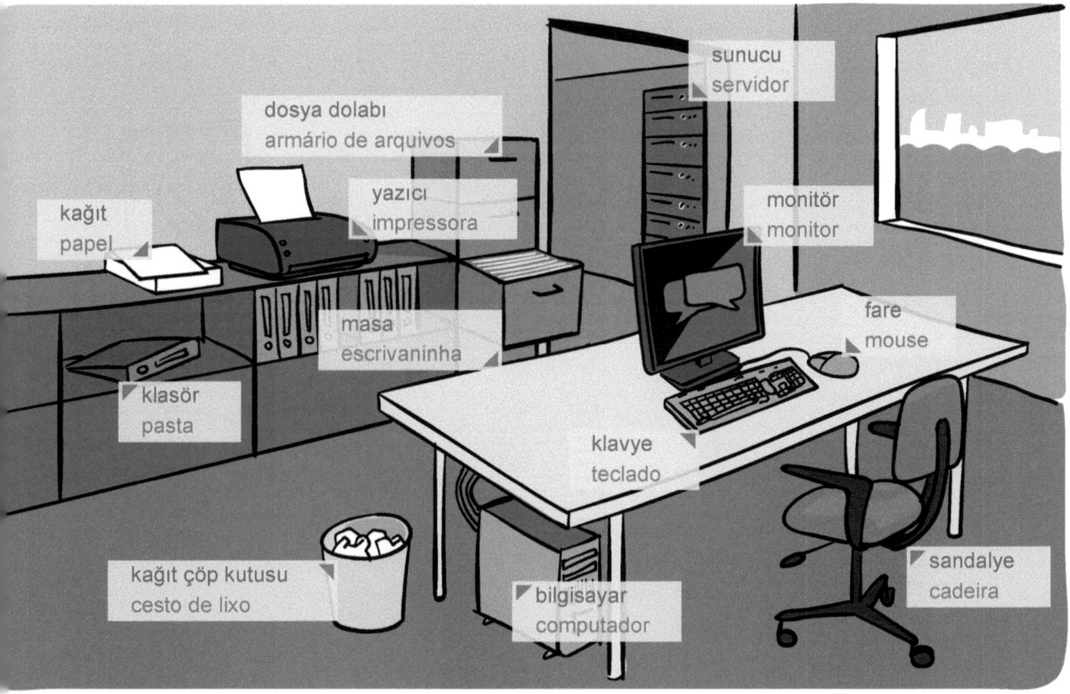

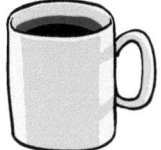

kahve fincanı

xícara de café

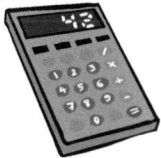

hesap makinesi

calculadora

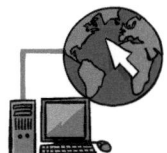

internet

internet

dizüstü

laptop

mektup

carta

mesaj

mensagem

cep telefonu

celular

ağ

rede

fotokopi makinesi

copiadora

yazılım

software

telefon

telefone

priz

tomada

faks makinesi

fax

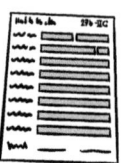

form

formulário

belge

documento

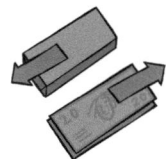

satın almak

comprar

ödemek

pagar

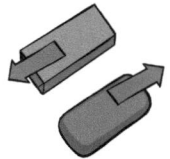

ticaret yapmak

negociar

para

dinheiro

dolar

Dólar

avro

Euro

yen

Yen

ruble

rublo

İsviçre frangı

franco suíço

Çin yuanı

renminbi yuan

rupi

rupia

kasa

caixa eletrônico

döviz bürosu

casa de câmbio

altın

ouro

gümüş

prata

petrol

petróleo

enerji

energia

fiyat

preço

kontrat

contrato

vergi

imposto

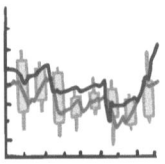

menkul değer

ação

çalışmak

trabalhar

işveren

empregado

işçi

empregador

fabrika

fábrica

mağaza

loja

# meslekler
# profissões

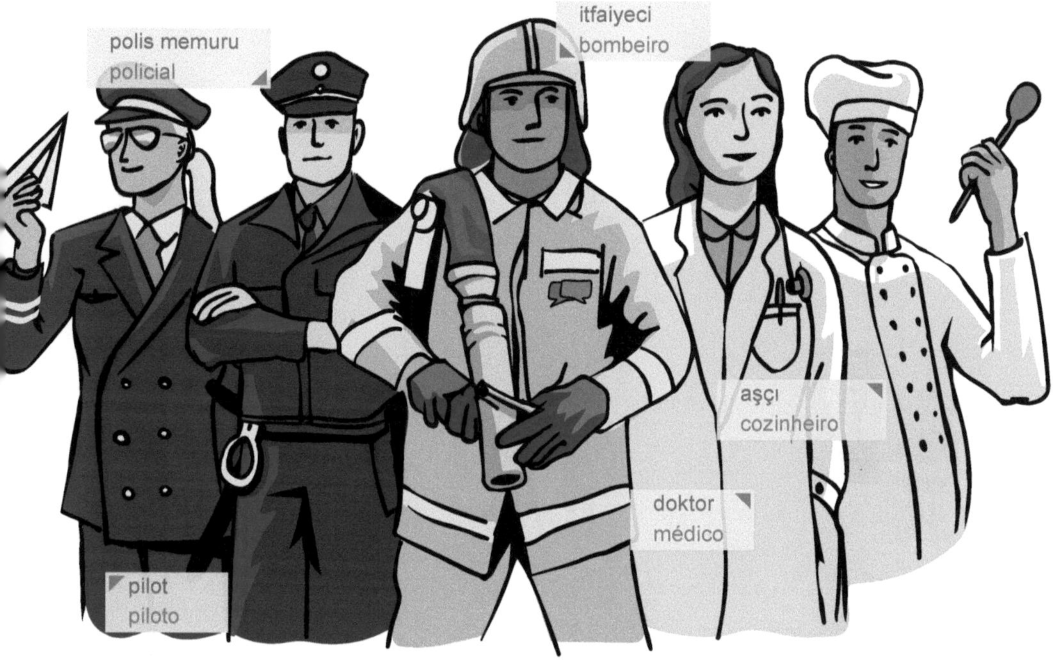
polis memuru
policial
itfaiyeci
bombeiro
aşçı
cozinheiro
doktor
médico
pilot
piloto

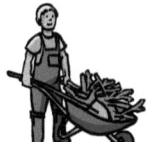

bahçıvan

jardineiro

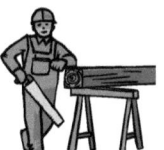

marangoz

marceneiro

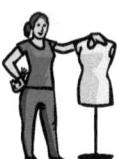

terzi

costureira

hakim

juiz

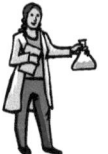

kimyager

químico

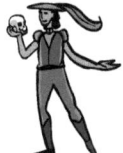

aktör

ator

otobüs şoförü

motorista de ônibus

taksi şoförü

motorista de táxi

balıkçı

pescador

temizlikçi

faxineira

çatı ustası

telhador

garson

garçom

avcı

caçador

boyacı

pintor

fırıncı

padeiro

elektrikçi

eletricista

inşaatçı

construtor

mühendis

engenheiro

kasap

açougueiro

muslukçu

encanador

postacı

carteiro

asker

soldado

mimar

arquiteto

kasiyer

caixa

çiçekçi

florista

kuaför

cabelereiro

kondüktör

condutor

tamirci

mecânico

kaptan

capitão

dişçi

dentista

bilim insanı

cientista

haham

rabino

imam

imam

keşiş

monge

rahip

pastor

meslekler - profissões

55

# aletler
# ferramentas

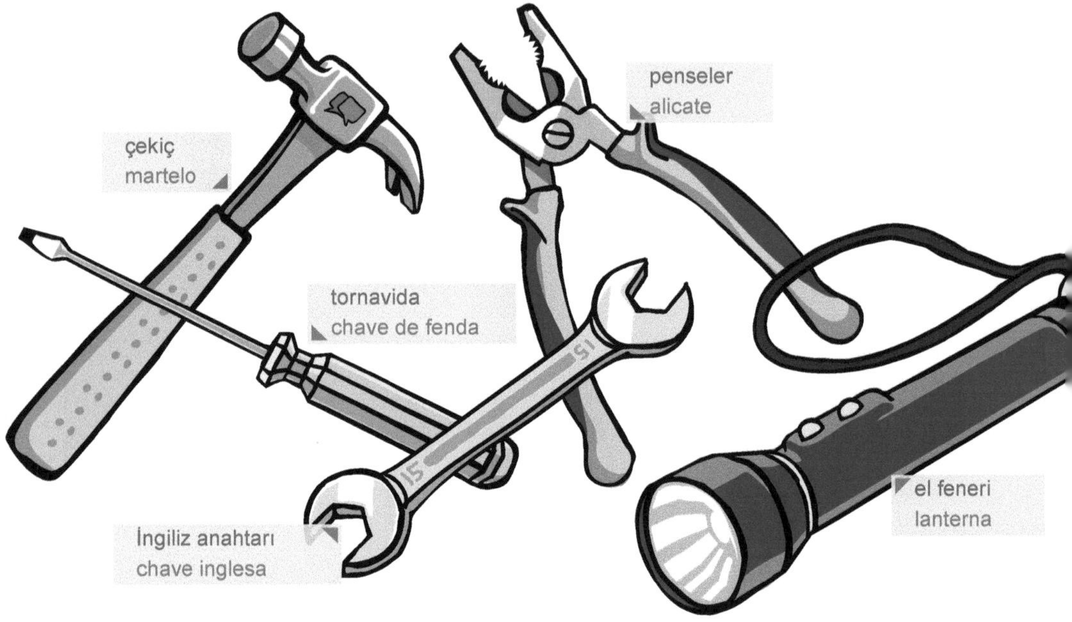

çekiç
martelo
penseler
alicate
tornavida
chave de fenda
İngiliz anahtarı
chave inglesa
el feneri
lanterna


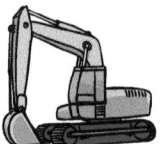

kazı makinesi

escavadora

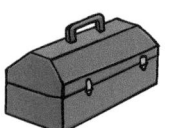

alet çantası

caixa de ferramentas

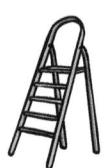

merdiven

escada de mão

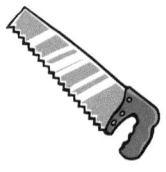

testere

serra

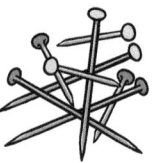

çiviler

pregos

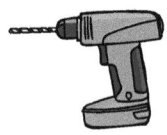

matkap

furadeira

tamir etmek

consertar

kürek

pá

Kahretsin!

Droga!

faraş

pá de lixo

boya tenekesi

pote de tinta

vidalar

parafusos

## müzik enstrümanı
## instrumentos musicais

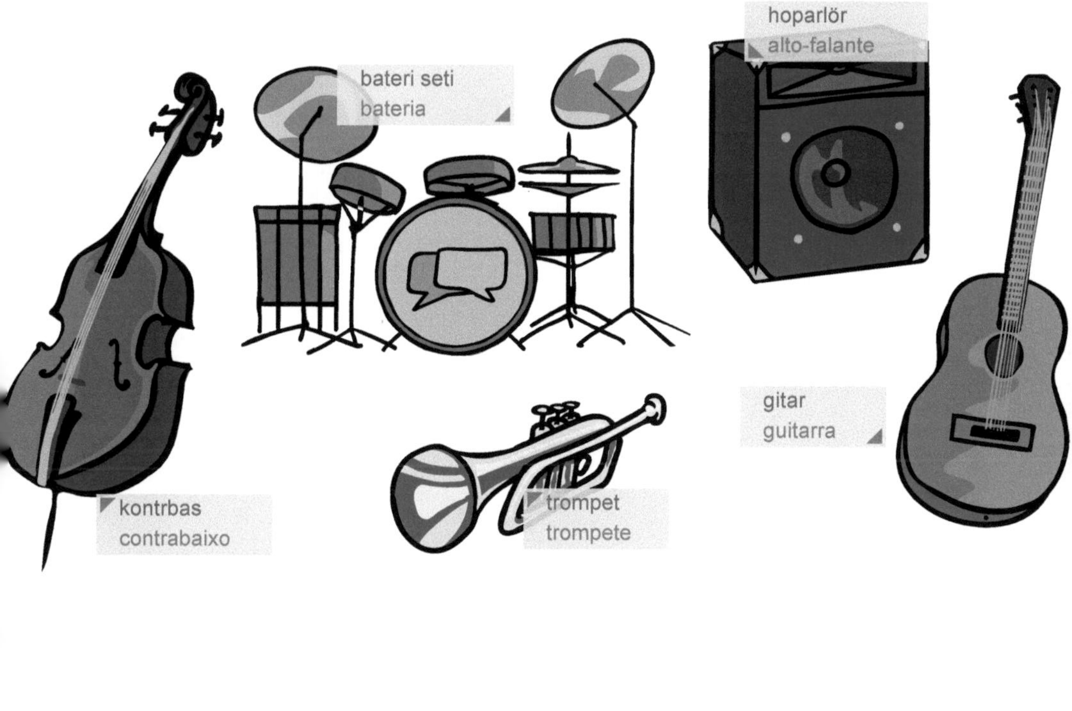

bateri seti
bateria

hoparlör
alto-falante

gitar
guitarra

kontrbas
contrabaixo

trompet
trompete

piyano

piano

keman

violino

basgitar

baixo

timpani

timbales

bateri

tambor

klavye

teclado

saksafon

saxofone

flüt

flauta

mikrofon

microfone

müzik enstrümanı - instrumentos musicais

# hayvanat bahçesi
# zoológico

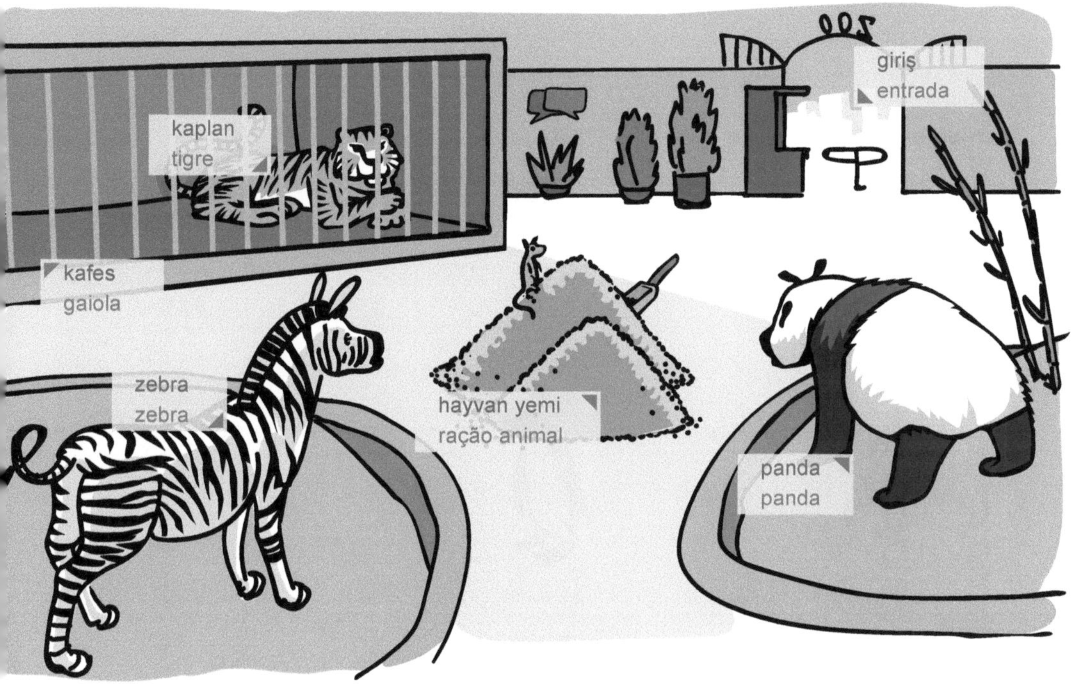

giriş
entrada
kaplan
tigre
kafes
gaiola
zebra
zebra
hayvan yemi
ração animal
panda
panda


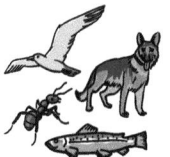

hayvanlar

animais

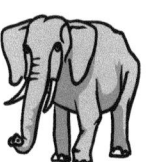

fil

elefante

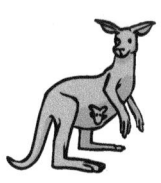

kanguru

canguru

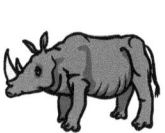

gergedan

rinoceronte

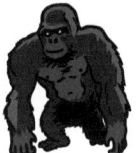

goril

gorila

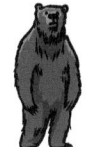

ayı

urso

deve

camelo

deve kuşu

avestruz

aslan

leão

maymun

macaco

flamingo

flamingo

papağan

papagaio

kutup ayısı

urso polar

penguen

pinguim

köpek balığı

tubarão

tavus kuşu

pavão

yılan

cobra

timsah

crocodilo

hayvanat bahçesi görevlisi

guarda do zoológico

fok

foca

jaguar

jaguar

midilli atı

pônei

leopar

leopardo

su aygırı

hipopótamo

zürafa

girafa

kartal

águia

yaban domuzu

javali

balık

peixe

kaplumbağa

tartaruga

mors

morsa

tilki

raposa

ceylan

gazela

amerikan futbolu
futebol americano

bisiklete binme
ciclismo

tenis
tênis

basketbol
basquete

yüzme
natação

boks
boxe

buz hokeyi
hóquei no gelo

futbol
futebol

badminton
badminton

atletizm
atletismo

hentbol
handebol

kayak
esqui

polo
polo

# etkinlikler
# atividades

gülmek
rir
atlamak
pular
sarılmak
abraçar
yürümek
andar
söylemek
cantar
hayal etmek
sonhar
dua etmek
rezar
öpmek
beijar

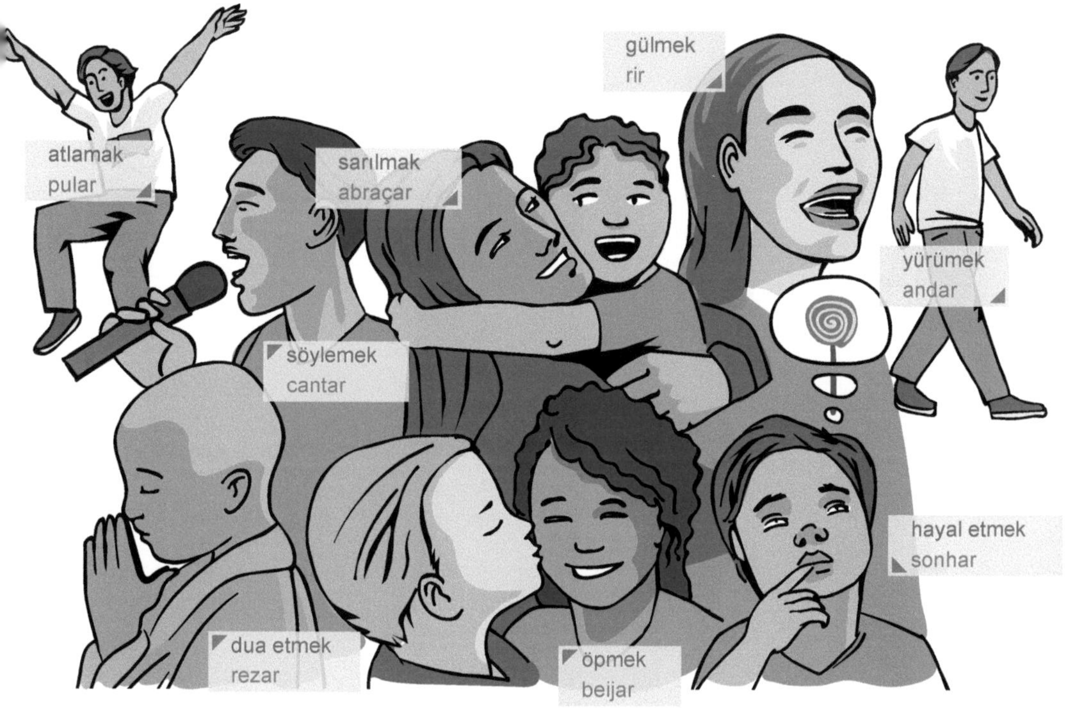

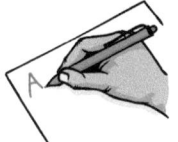

yazmak

escrever

çizmek

desenhar

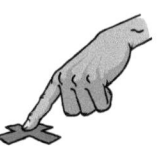

göstermek

mostrar

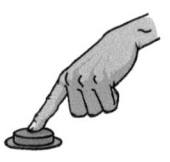

itmek

empurrar

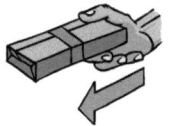

vermek

dar

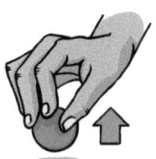

almak

tomar

sahip olmak

ter

yapmak

fazer

olmak

ser

ayakta durmak

ficar de pé

koşmak

correr

çekmek

puxar

atmak

jogar

düşmek

cair

yalan söylemek

deitar

beklemek

esperar

taşımak

carregar

oturmak

sentar

giyinmek

vestir

uyumak

dormir

uyanmak

despertar

bakmak

olhar para

ağlamak

chorar

vurmak

acariciar

taramak

pentear

konuşmak

falar

anlamak

entender

sormak

perguntar

dinlemek

ouvir

içmek

beber

yemek

comer

düzenlemek

arrumar

sevmek

amar

pişirmek

cozinhar

sürmek

dirigir

uçmak

voar

denize açılmak

velejar

hesapla

calcular

okumak

ler

öğrenmek

aprender

çalışmak

trabalhar

evlenmek

casar

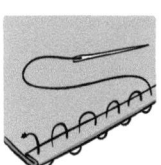

dikmek

costurar

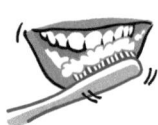

diş fırçalamak

escovar os dentes

öldürmek

matar

sigara içmek

fumar

yollamak

enviar

büyükanne
avó

büyükbaba
avó

baba
pai

anne
mãe

bebek
bebê

kız
filha

oğul
filho

misafir

convidado

teyze

tia

amca

tio

erkek kardeş

irmão

kız kardeş

irmã

# vücut

# corpo

alın
testa
göz
olho
omuz
ombro
parmak
dedo
yüz
rosto
çene
queixo
el
mão
bacak
perna
göğüs
peito
kol
braço

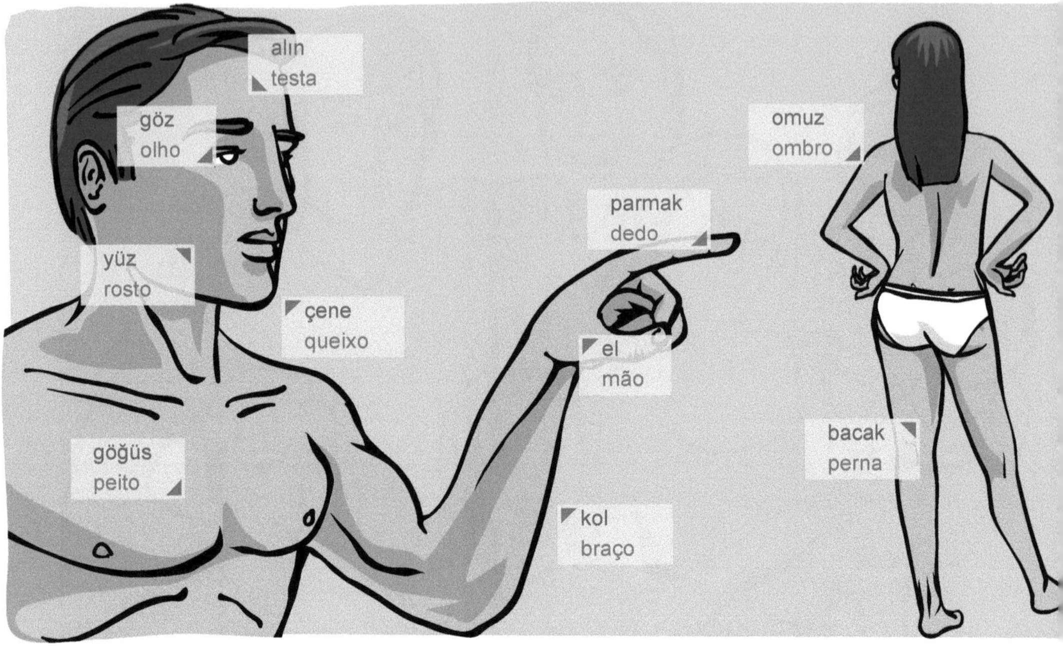

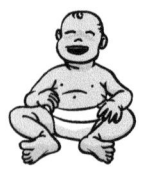

bebek

bebê

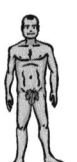

adam

homem

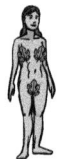

kadın

mulher

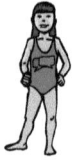

kız

menina

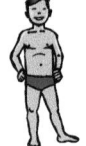

erkek çocuk

menino

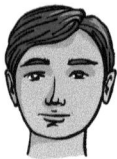

baş

cabeça

sırt

costas

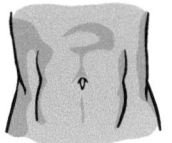

karın

barriga

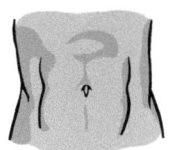

göbek

umbigo

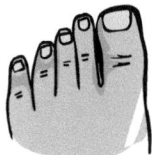

ayak parmağı

dedo do pé

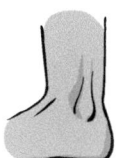

topuk

calcanhar

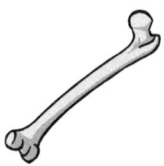

kemik

osso

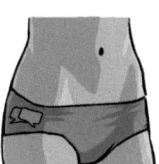

kalça

anca

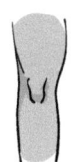

diz

joelho

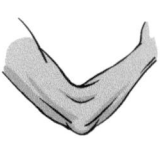

dirsek

cotovelo

burun

nariz

kalça

nádegas

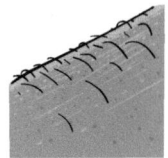

deri

pele

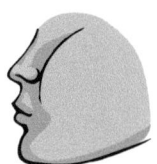

yanak

bochecha

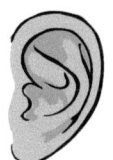

kulak

orelha

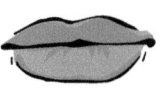

dudak

lábio

ağız

boca

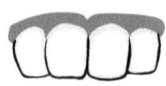

diş

dente

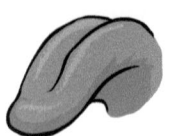

dil

língua

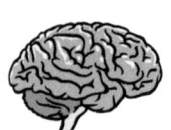

beyin

cérebro

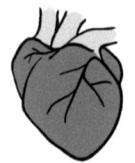

kalp

coração

kas

músculo

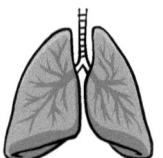

akciğer

pulmão

karaciğer

fígado

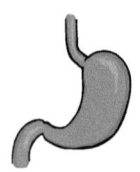

mide

estômago

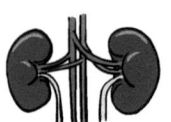

böbrekler

rins

seks

relações sexuais

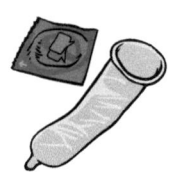

prezervatif

preservativo

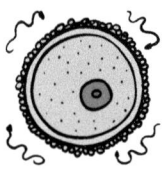

yumurtalık

óvulo

sperm

esperma

hamilelik

gravidez

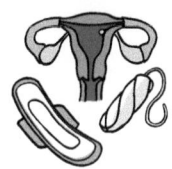

regl

menstruação

vajina

vagina

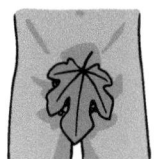

penis

pênis

kaş

sobrancelha

saç

cabelo

boyun

pescoço

# hastane
# hospital

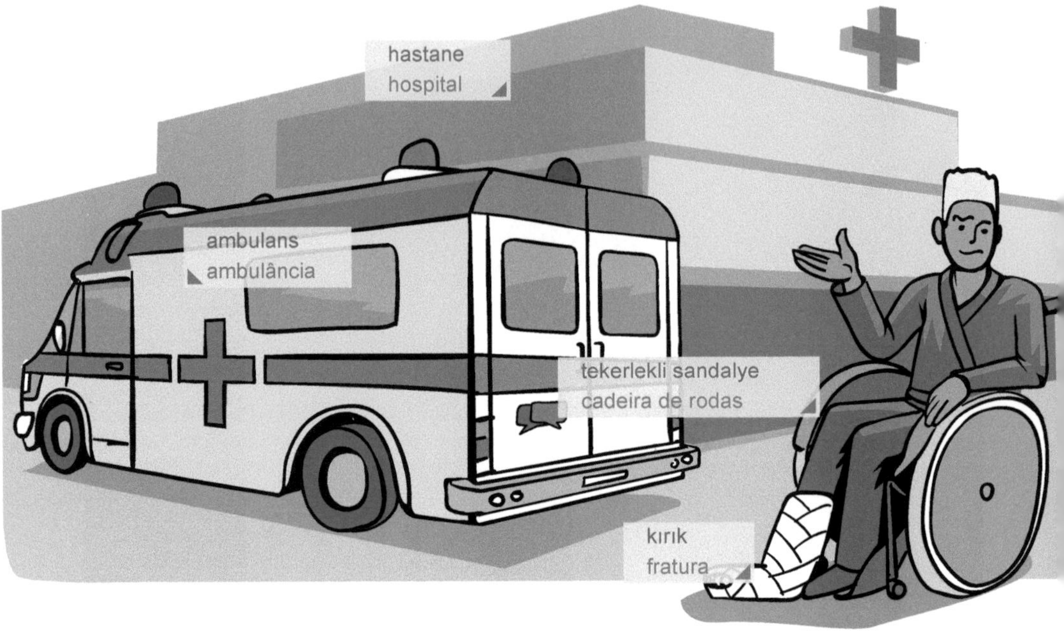

hastane
hospital
ambulans
ambulância
tekerlekli sandalye
cadeira de rodas
kırık
fratura

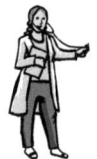

doktor

médico

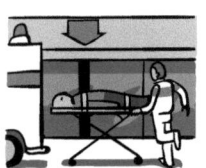

acil servis

pronto-socorro

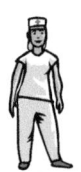

hemşire

enfermeira

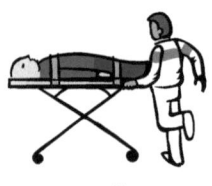

acil

emergência

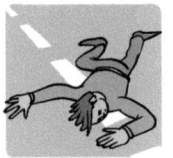

baygın

inconsciente

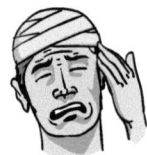

acı

dor

yaralanma

ferimento

kanama

hemorragia

kalp krizi

ataque cardíaco

felç

acidente vacular cerebral

alerji

alergia

öksürük

tosse

ateş

febre

grip

gripe

ishal

diarreia

baş ağrısı

dor de cabeça

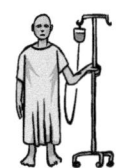

kanser

câncer

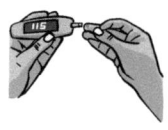

şeker hastalığı

diabetes

cerrah

cirurgião

neşter

bisturi

operasyon

operação

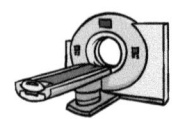

bilgisayarlı tomografi
CT

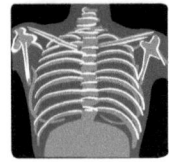

röntgen
raio x

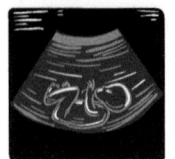

ultrason
ultrassom

yüz maskesi
máscara

hastalık
doença

bekleme odası
sala de espera

koltuk değneği
muleta

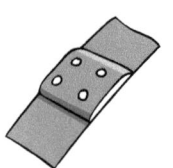

yara bandı
bandeide

bandaj
ligadura

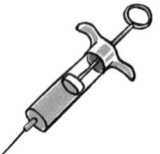

enjeksiyon
injeção

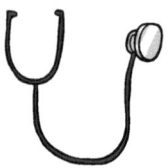

steteskop
estetoscópio

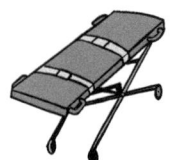

sedye
maca

tıbbi termometre
termômetro

doğum
nascimento

fazla kilo
excesso de peso

işitme cihazı

aparelho auditivo

dezenfektan

desinfetante

enfeksiyon

infecção

virüs

vírus

HIV / AIDS

HIV / AIDS

ilaç

medicamento

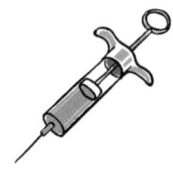

aşı

vacinação

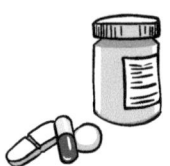

tablet

comprimidos

hap

pílula

acil çağrı

chamada de emergência

tansiyon aleti

dispositivo de medição de
pressão arterial

hasta / sağlıklı

doente / saudável

İmdat!

Socorro!

alarm

alarme

darp

assalto

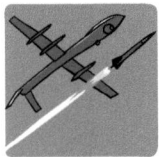

saldırı

ataque

tehlike

perigo

acil çıkış

saída de emergência

Yangın!

Fogo!

yangın tüpü

extintor de incêndios

kaza

acidente

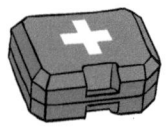

ilk yardım çantası

maleta de primeiros
socorros

imdat

SOS

polis

polícia

Avrupa

Europa

Kuzey Amerika

América do Norte

Güney amerika

América do Sul

Afrika

África

Asya

Ásia

Avustralya

Austrália

Atlantik

Atlântico

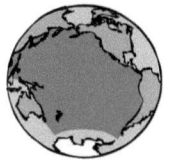

Pasifik

Pacífico

Hint Okyanusu

Oceano Índico

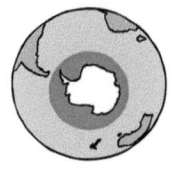

Antarktika Okyanusu

Oceano Antártico

Arktik Okyanusu

Oceano Ártico

Kuzey Kutbu

Polo Norte

Güney Kutbu

Polo Sul

Antarktika

Antártica

dünya

Terra

kara

terra

deniz

mar

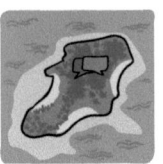

ada

ilha

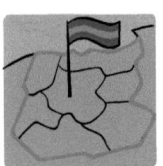

ulus

nação

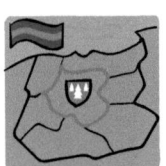

ülke

estado

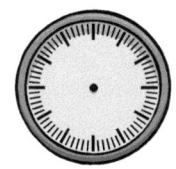

kadran

mostrador do relógio

akrep

ponteiro das horas

yelkovan

ponteiro dos minutos

saniye ibresi

ponteiro dos segundos

Saat kaç?

Que horas são?

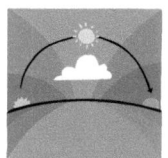

gün

dia

zaman

tempo

şimdi

agora

dijital saat

relógio digital

dakika

minuto

saat

hora

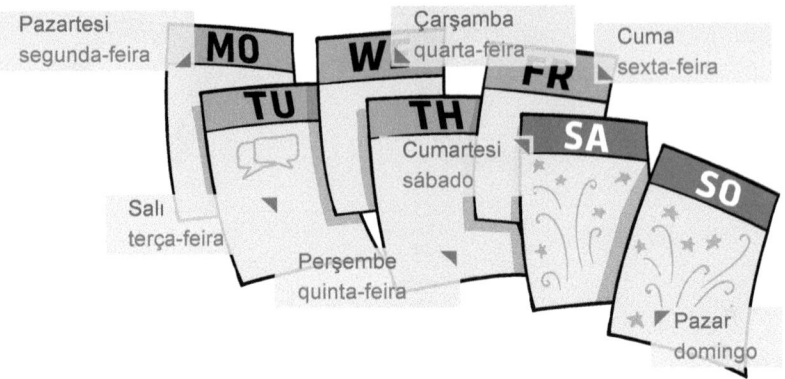

Pazartesi
segunda-feira

Çarşamba
quarta-feira

Cuma
sexta-feira

Salı
terça-feira

Cumartesi
sábado

Perşembe
quinta-feira

Pazar
domingo

dün

ontem

bugün

hoje

yarın

amanhã

sabah

manhã

öğle

meio-dia

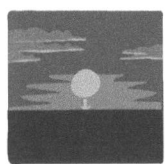

akşam

entardecer

| MO | TU | WE | TH | FR | SA | SU |
|----|----|----|----|----|----|----|
| 1 | 2 | 3 | 4 | 5 | 6 | 7 |
| 8 | 9 | 10 | 11 | 12 | 13 | 14 |
| 15 | 16 | 17 | 18 | 19 | 20 | 21 |
| 22 | 23 | 24 | 25 | 26 | 27 | 28 |
| 29 | 30 | 31 | 1 | 2 | 3 | 4 |

iş günleri

dias úteis

| MO | TU | WE | TH | FR | SA | SU |
|----|----|----|----|----|----|----|
| 1 | 2 | 3 | 4 | 5 | 6 | 7 |
| 8 | 9 | 10 | 11 | 12 | 13 | 14 |
| 15 | 16 | 17 | 18 | 19 | 20 | 21 |
| 22 | 23 | 24 | 25 | 26 | 27 | 28 |
| 29 | 30 | 31 | 1 | 2 | 3 | 4 |

hafta sonu

fim de semana

# yıl

# ano

yağmur
chuva
gökkuşağı
arco-íris
rüzgar
vento
kara
neve
bahar
primavera
sonbahar
outono
yaz
verão
kış
inverno


4.APRIL 11°
5.APRIL 4°
6.APRIL 13°
7.APRIL 8°
8.APRIL 10°


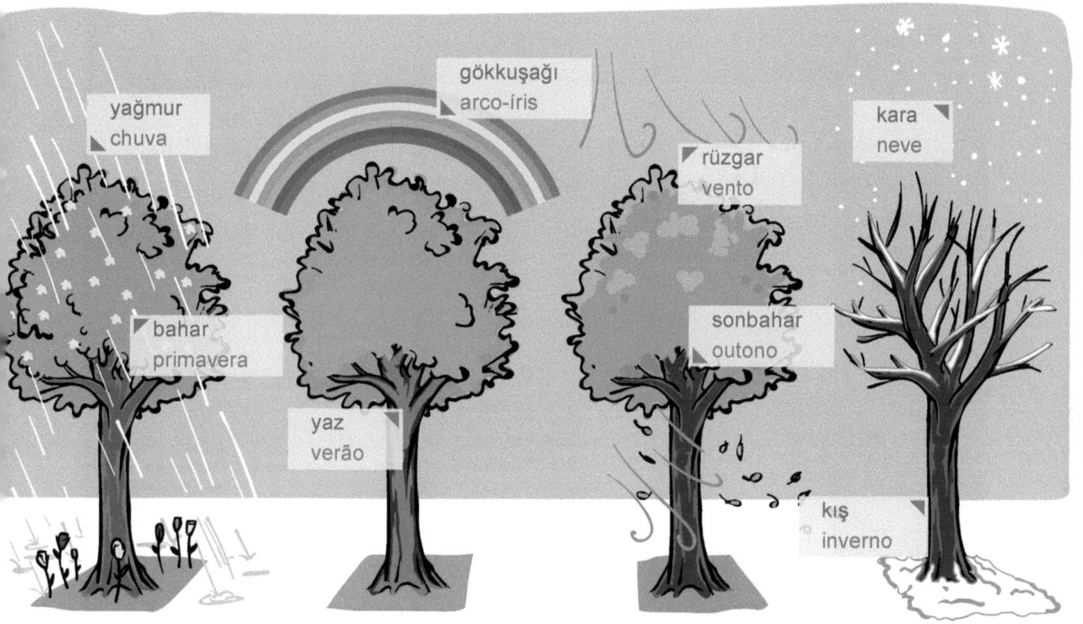

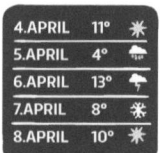

hava durumu tahmini

previsão do tempo

F C
120 90 60 30 0 -30
40 30 20 10 0 -10 -20


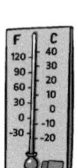

termometre

termômetro

güneş ışığı

raio de sol

bulut

nuvem

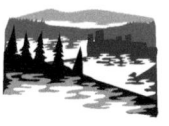

sis

neblina / nevoeiro

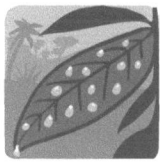

nem

umidade do ar

şimşek

relâmpago

gök gürültüsü

trovão

fırtına

tempestade

dolu

granizo

muson

monção

sel

inundação

buz

gelo

Ocak

janeiro

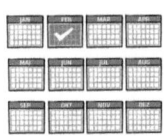

Şubat

fevereiro

Mart

março

Nisan

abril

Mayıs

maio

Haziran

junho

Temmuz

julho

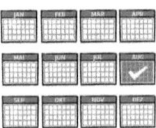

Ağustos

agosto

yıl - ano

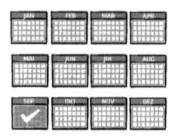

Eylül
................
setembro

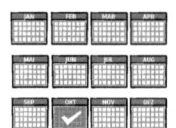

Ekim
................
outubro

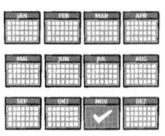

Kasım
................
novembro

Aralık
................
dezembro

## şekiller

## formas

daire
................
círculo

kare
................
quadrado

dikdörtgen
................
retângulo

üçgen
................
triângulo

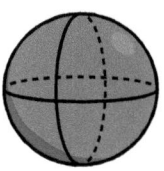

küre
................
esfera

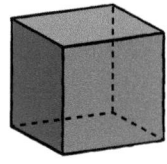

küp
................
cubo

beyaz

branco

sarı

amarelo

turuncu

laranja

pembe

rosa

kırmızı

vermelho

mor

lilás

mavi

azul

yeşil

verde

kahverengi

marrom

gri

cinza

siyah

preto

çok / az

muito / pouco

kızgın / sakin

furioso / tranquilo

güzel / çirkin

lindo / feio

başlangıç / son

começo / fim

büyük / küçük

grande / pequeno

parlak / karanlık

claro / escuro

erkek kardeş / kız kardeş

irmão / irmã

temiz / kirli

limpo / sujo

tamam / eksik

completo / incompleto

gün / gece

dia / noite

ölü / canlı

morto / vivo

geniş / dar

largo / estreito

yenilebilir / yenilemez

comestível / não comestível

kötü / iyi

mau / gentil

heyecanlı / sıkılmış

entusiasmado / entediado

şişman / zayıf

gordo / magro

ilk / son

primeiro / último

dost / düşman

amigo / inimigo

dolu / boş

cheio / vazio

sert / yumuşak

duro / macio

ağır / hafif

pesado / leve

açlık / susuzluk

fome / sede

hasta / sağlıklı

doente / saudável

yasa dışı / yasal

ilegal / legal

zeki / aptal

inteligente / idiota

sol / sağ

esquerda / direita

yakın / uzak

perto / longe

yeni / kullanılmış

novo / usado

hiçbir şey / bir şey

nada / alguma coisa

yaşlı / genç

velho / jovem

açma / kapama

ligado / desligado

açık / kapalı

aberto / fechado

sessiz / gürültülü

baixo / alto

zengin / fakir

rico / pobre

doğru / yanlış

certo / errado

pürüzlü / düz

áspero / liso

üzgün / mutlu

triste / feliz

kısa / uzun

curto / longo

yavaş / hızlı

lento / rápido

ıslak / kuru

molhado / seco

sıcak / serin

ameno / fresco

savaş / barış

guerra / paz

| **0** | **1** | **2** |
|:---:|:---:|:---:|
| sıfır | bir | iki |
| zero | um | dois |

| **3** | **4** | **5** |
|:---:|:---:|:---:|
| üç | dört | beş |
| três | quatro | cinco |

| **6** | **7** | **8** |
|:---:|:---:|:---:|
| altı | yedi | sekiz |
| seis | sete | oito |

| **9** | **10** | **11** |
|:---:|:---:|:---:|
| dokuz | on | on bir |
| nove | dez | onze |

| **12** | **13** | **14** |
|:---:|:---:|:---:|
| on iki | on üç | on dört |
| doze | treze | quatorze |

| **15** | **16** | **17** |
|:---:|:---:|:---:|
| on beş | on altı | on yedi |
| quinze | dezesseis | dezessete |

| **18** | **19** | **20** |
|:---:|:---:|:---:|
| on sekiz | on dokuz | yirmi |
| dezoito | dezenove | vinte |

| **100** | **1.000** | **1.000.000** |
|:---:|:---:|:---:|
| yüz | bin | milyon |
| cem | mil | milhão |

İngilizce

inglês

Amerikan İngilizcesi

inglês americano

Çince (Mandarin)

chinês mandarim

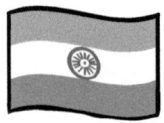

Hintçe

hindi

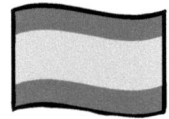

İspanyolca

espanhol

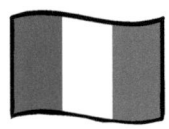

Fransızca

francês

Arapça

árabe

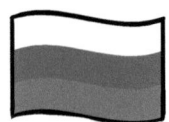

Rusça

russo

Portekizce

português

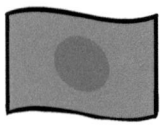

Bengalce

bengalês

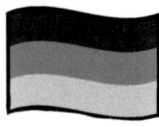

Almanca

alemão

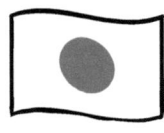

Japonca

japonês

ben

eu

sen

você

o

ele / ela

biz

nós

siz

vocês

onlar

eles / elas

kim?

quem?

ne?

O quê?

nasıl?

como?

nerede?

onde?

ne zaman?

Quando?

isim

nome

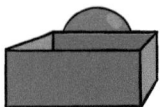

arkasında

atrás

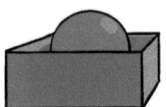

içinde

em

önünde

na frente de

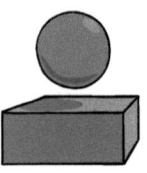

üzerinde

sobre

üstünde

em cima

altında

debaixo

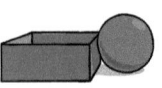

yanında

do lado

arasında

entre

yer

lugar